Inhalt

Bringen die geplanten Erleichterungen bei der Unternehmensbesteuerung eine Verbesserung der deutschen Standortbedingungen?

Kernthesen

Beitrag

Fallbeispiele

Weiterführende Literatur

Impressum

Bringen die geplanten Erleichterungen bei der Unternehmensbesteueru eine Verbesserung der deutschen Standortbedingungen?

A.Kaindl

Kernthesen

- Die Bundesregierung plant den Körperschaftsteuersatz von 25 auf 19 Prozent zu senken und Personengesellschaften in noch größerem Maße von der Gewerbesteuer zu befreien.
- Außerdem soll die Erbschaftsteuer ab 2006

zinslos gestundet und für jedes Jahr der Betriebsfortführung um zehn Prozent erlassen werden.
- Regierung und Opposition streiten noch über die Gegenfinanzierung der Steuererleichterungen.

Beitrag

In der Steuerpolitik heißt es im Juni / Juli 2005 hopp oder topp. Die Aussichten der Reformvorschläge zur Unternehmensbesteuerung sind ungewiss.

Inhalt und Auswirkungen der Reformvorschläge zur Unternehmensbesteuerung

Anfang Mai 2005 hat das Bundeskabinett eine Reform der Unternehmensbesteuerung auf den parlamentarischen Weg gebracht. Diese umfasst die Gesetzesentwürfe zur Verbesserung der steuerlichen Standortbedingungen und zur Sicherung der Unternehmensnachfolge. (2)

Der Gesetzentwurf zur Verbesserung der steuerlichen Standortbedingungen sieht vor, den

Körperschaftsteuersatz von 25 auf 19 Prozent zu senken und Personengesellschaften bis zu einem Hebesatz von 379 Prozent vollständig von der Gewerbesteuer zu entlasten. (4), (6)

Nach der Begründung des Gesetzesentwurfes zur Unternehmensnachfolge sollen künftig sämtliche Formen des Unternehmensvermögens einheitlich bewertet werden. Ein Wesensmerkmal des derzeit noch geltenden Erbschaft- und Schenkungsteuerrechtes ist das besondere Bewertungsverfahren für Unternehmen, welches abhängig von der Rechtsform ist. Der Gesetzentwurf sieht vor, dass, unabhängig von der Rechtsform, nur noch der Steuerbilanzwert Bemessungsgrundlage ist und darüber hinaus ist eine Stundung und der Erlass von Erbschaft- und Schenkungsteuer für produktiv eingesetztes Unternehmensvermögen geplant. Die Steuer soll über einen Zeitraum von zehn Jahren gestundet werden. Unter der Voraussetzung, dass der Betrieb fortgeführt wird, werden jedes Jahr zehn Prozent der Steuer erlassen. Nach zehn Jahren wäre die Schuld erloschen. Neben Einzelunternehmen und Personengesellschaften fallen Anteile an Kapitalgesellschaften bei einer Beteiligung des Erblassers oder Schenkers von mehr als 25 Prozent unter die Begünstigungen. Die Vorteile gelten auch für ausländisches Vermögen. Bei einer Beteiligung von unter 25 Prozent sind die Anteile weiterhin mit dem weitaus höheren Verkehrswert zu bewerten, der entweder dem Börsenwert entspricht, aus zeitnahen Verkäufen abzuleiten ist oder nach dem so genannten Stuttgarter Verfahren unter Berücksichtigung von Vermögen und Ertrag ermittelt wird. Bei Einzelunternehmen und Personengesellschaften galt bisher eine Substanzwertbetrachtung, nach der das bilanzielle Eigenkapital die Bemessungsgrundlage für Erbschaften und Schenkungen war. Der Gesetzesentwurf begrenzt jedoch die Begünstigungen auf produktives Vermögen. Der positive Saldo zwischen nicht produktivem Vermögen und Schulden ist bei der Ermittlung des begünstigten Vermögens abzuziehen. Stundung und Steuererlass werden nur gewährt, wenn der Wert des auf den Nachfolger übergehenden begünstigten Vermögens EUR 100 Millionen nicht übersteigt. Es handelt sich dabei um eine Freigrenze, die sich auf den Nachfolger und nicht auf den Erblasser oder Schenker bezieht. (1), (5)

Anders verhält es sich bei Großvermögen, die die Freigrenze von EUR 100 Millionen übersteigen. Für diese gelten weiterhin die bisherigen Begünstigungen. Nach Abzug eines Freibetrags ist der Wert des begünstigten Vermögens mit 65 Prozent anzusetzen. Bei geringem Überschreiten der Freigrenze hilft eine Härteregelung. Allerdings werden auch die Vergünstigungen für Großvermögen künftig nur noch für produktives Vermögen gewährt. Verlierer der Reform werden also all jene sein, die vor allem nicht produktives Unternehmensvermögen erben. (1)

Von dem Reformwerk zur Unternehmensnachfolge werden die Betroffenen in ganz unterschiedlichem Maße profitieren. Künftig werden Inhaber hoher Beteiligungsquoten begünstigt, Minderheitsgesellschafter dagegen bestraft. (1)

Die Gesetzesentwürfe werden im Juni 2005 vor den unterschiedlichen politischen Gremien beraten. Am 1. Juli 2005 soll im Bundestag die abschließende Beratung stattfinden, damit der Bundesrat die Gesetzesentwürfe noch vor der Sommerpause 2005 beschließen kann. (2)

Die Neuregelungen sollen erstmals zum 1. Januar 2006 anzuwenden sein. (1)

Finanzierung der Steuererleichterungen

Zur Gegenfinanzierung der Gesetzentwürfe plant die rot-grüne Regierung die Mindestgewinnbesteuerung zu verschärfen, Immobilien-Verkaufserlöse höher zu besteuern, die Stellenverlagerungen von Konzernen ins Ausland steuerlich nicht mehr zu unterstützen und den Verlustabzug für Fonds zu beschränken, deren Ziel es in erster Linie ist, als Steuersparmodell ihren Anlegern Verluste zuzuweisen. (6), (10)

Kritik am Gesetzesentwurf zur Unternehmensnachfolge

Nachfolgend aufgeführte Punkte werden am Gesetzesentwurf zur Unternehmensnachfolge kritisch gesehen: Beibehaltung der alle dreißig Jahre anfallenden Erbschaftsteuer in den Familienstiftungen, Deckelung der Begünstigung auf EUR 100 Millionen und Wirksamwerden der Begünstigung erst ab einem Anteilsbesitz von 25 Prozent. Durch die Deckelung werden die großen familiengeführten Unternehmen gegenüber den kleineren benachteiligt und aufgrund der Generationenfolge wird ein Anteilsbesitz von mehr als 25 Prozent heutzutage nur noch selten erreicht. (3), (5)

Das deutsche Steuersystem gilt bisher schon als sehr kompliziert. Die geplante Erbschaftsteuerreform zeigt, dass es auch noch komplizierter geht. Stundung und Erlass der Erbschaftsteuer wird auf Unternehmensvermögen bis EUR 100 Millionen begrenzt. Diese Kappung mindert die erwarteten Steuerausfälle. Die zur Schonung der Haushalte geplante Begrenzung wird jedoch teuer erkauft: Um zu verhindern, dass große Unternehmen, die nicht unter die neue Begünstigung fallen, in ihrer Existenz gefährdet werden, soll an den bisher schon geltenden Begünstigungen für diese Unternehmen festgehalten werden. Die Möglichkeit einer echten Vereinfachung des Steuerrechts wird vertan. Dabei liegt eine einfache Lösung auf der Hand, würde auf die Obergrenze für die Stundung und den Erlass der Erbschaftsteuer verzichtet werden, könnten die Krücken aus Freibetrag, Bewertungsabschlag und Tarifentlastung aus dem Gesetz gestrichen werden. (9)

Offene Punkte

An der Reform der Unternehmensbesteuerung kann es noch eine wichtige Änderung geben: Die SPD diskutiert eine Erhöhung der Dividendenbesteuerung. Auch die Union schlägt vor, zum Ausgleich für die Befreiung der Unternehmen von der Erbschaftsteuer, die Dividenden höher zu besteuern. Ausschüttungen sollen nicht mehr wie bisher mit 50 Prozent, sondern mit einem höheren Prozentsatz besteuert werden. Im Rahmen des Halbeinkünfteverfahrens müssen

Aktionäre derzeit 50 Prozent der Dividenden versteuern. (4), (6), (8)

Nach der Ankündigung der SPD-Spitze, im Herbst 2005 Neuwahlen im Bund anzustreben, sind die Aussichten der Gesetzesentwürfe zur Verbesserung der Standortbedingungen und zur Sicherung der Unternehmensnachfolge ungewiss. (2)

Fallbeispiele

Die im Gesetzentwurf zur Sicherung der Unternehmensnachfolge geplante Stundungs- und Erlassregelung für mittelständische Unternehmen als auch die modifizierte Freibetrags- und Bewertungsabschlagregelung für Großvermögen gelten nur unter der Voraussetzung, dass das Vermögen nicht schädlich verwendet wird. Das wäre beispielsweise bei einer Teilbetriebsveräußerung der Fall. Die Einzelheiten sind sehr kompliziert. Deshalb ist eine sorgfältige Planung erforderlich, um während eines Zeitraums von bis zu zehn Jahren steuerschädliche Verwendungen zu vermeiden. (1)

Eine Steuergestaltung zur Verminderung der

Erbschaftsteuer, die nach der Reform nicht mehr lohnt, ist die Übertragung von Immobilien in das Betriebsvermögen. Heute wird umfangreicher Grundbesitz häufig in eine gewerblich geprägte Personengesellschaft eingebracht. Das bringt dem Erben mehrere Vorteile: Immobilien werden nur mit rund 60 Prozent des Verkehrswertes angesetzt, außerdem kommen die günstigeren Steuerbilanzwerte für Personengesellschaften zum Ansatz und für alle Erben eines Unternehmens gilt ein Bewertungsabschlag von 35 Prozent sowie ein spezieller Freibetrag von EUR 225 000 pro Person. Wird der Gesetzentwurf verabschiedet, wäre diese Übertragung von Immobilien nicht mehr sinnvoll, da dieses Vermögen nicht länger begünstigt werden soll. (7)

Weiterführende Literatur

(1) Entlastung für Erben Die Regierung will die Unternehmensnachfolge erleichtern - Minderheitsgesellschafter fürchten Nachteile
aus Financial Times Deutschland vom 17.05.2005, Seite 32

(2) Die Zukunft der Unternehmensbesteuerung ist ungewisser denn je
aus Frankfurter Allgemeine Zeitung, 24.05.2005, Nr. 118, S. 17

(3) "Den Finanzinvestoren fehlt Verhandlungskultur"
aus Frankfurter Allgemeine Zeitung, 23.05.2005, Nr. 117, S. 16

(4) Korrektur der Unternehmensteuerreform deutet sich an
aus Frankfurter Allgemeine Zeitung, 14.05.2005, Nr. 111, S. 10

(5) Börsengang von Familienunternehmen wird erleichtert
aus Frankfurter Allgemeine Zeitung, 10.05.2005, Nr. 107, S. 27

(6) Kabinett beschließt Entlastung für Unternehmen
aus Frankfurter Allgemeine Zeitung, 04.05.2005, Nr. 103, S. 1

(7) Reiche Erben entkommen der Steuer Bereits nach heutigem Recht können Familien bei der Übergabe von Unternehmen den Fiskus umgehen · Versicherungen schützen
aus Financial Times Deutschland vom 13.05.2005, Seite 13

(8) Sammeln für Steuersenkungen Weniger Unternehmen- und Erschaftsteuern? Okay, sagen Grünen- und SPD-Politiker - wenn andere Quellen sprudeln. Eine Einigung mit der Union wird schwierig
aus taz, 12.05.2005, S. 8

(9) Der Steuerschnitt

aus Frankfurter Allgemeine Zeitung, 06.05.2005, Nr. 104, S. 11

(10) Firmen-Erben sollen entlastet werden
Bundesregierung und Opposition streiten aber um Finanzierung - Union für höhere Dividendensteuer
aus DIE WELT, 04.05.2005, Nr. 103, S. 11

Impressum

Bringen die geplanten Erleichterungen bei der Unternehmensbesteuerung eine Verbesserung der deutschen Standortbedingungen?

Bibliografische Information der deutschen Nationalbibliothek

Die Deutsche Nationalbibliothek verzeichnet diese Publikation in der deutschen Nationalbibliografie; detaillierte bibliografische Daten sind im Internet über http://dnb.d-nb.de abrufbar.

ISBN: 978-3-7379-1328-7

© 2015 GBI-Genios Deutsche Wirtschaftsdatenbank GmbH, Freischützstraße 96, 81927 München, www.genios.de

Alle Rechte vorbehalten. Dieses Werk ist einschließlich aller seiner Teile – z.B. Texte, Tabellen und Grafiken - urheberrechtlich geschützt. Jede Verwertung außerhalb der Grenzen des Urheberrechtsgesetzes bedarf der vorherigen

Zustimmung des Verlags. Dies gilt insbesondere auch für auszugsweise Nachdrucke, fotomechanische Vervielfältigungen (Fotokopie/Mikroskopie), Übersetzungen, Auswertungen durch Datenbanken oder ähnliche Einrichtungen und die Einspeicherung und Verarbeitung in elektronischen Systemen.